AF470020

LOIX
ET ARRÊTÉS
RELATIFS
A LA JUSTICE
MILITAIRE.

Se trouve à Metz, chez COLLIGNON, et à Strasbourg, chez LEVRAULT, Imprimeurs-Libraires.

(N°. 843.)

LOI

Qui règle la manière de procéder au jugement des délits militaires.

Du 13 brumaire an 5 de la République, une et indivisible.

(N.° 848.)

CODE

Des délits et des peines pour les troupes de la République.

Du 21 brumaire an 5 de la République, une et indivisible.

A METZ,

De l'Imprimerie de COLLIGNON.

(N.° 843.) *Loi qui règle la manière de procéder au jugement des délits militaires.*

Du 13 brumaire an 5 de la République, une et indivisible.

Le Conseil des Anciens, considérant que les loix actuellement existantes ont été reconnues insuffisantes pour détruire les germes d'insubordination et d'indiscipline, et que les délais prescrits par la Constitution pour les cas ordinaires, pourroient compromettre le salut et la gloire de l'État, approuve l'acte d'urgence.

Suit la teneur de la Déclaration d'urgence et de la Résolution du 9 brumaire.

Le Conseil des Cinq-cents, considérant qu'il importe à l'honneur et à la gloire des armées de la République de mettre un frein aux délits qui s'y commettent, et de leur conserver, dans toute sa pureté, cette réputation de bravoure qui les distingue;

Considérant que c'est contre le vœu et les intentions de la nation françoise, que plusieurs de ses défenseurs oublient la protection qu'ils doivent aux habitans et aux propriétés de tous les pays ;

Considérant enfin l'insuffisance des loix militaires existantes pour rappeler l'ordre et la discipline dans les armées,

Déclare qu'il y a urgence.

Le Conseil des Cinq-cents, après avoir déclaré l'urgence, prend la résolution suivante :

Article premier.

Il sera établi, pour toutes les troupes de la République, et jusqu'à la paix, un conseil de guerre permanent dans chaque division d'armée, et dans chaque division de troupes employées dans l'intérieur, pour connoître et juger de tous les délits militaires.

2. Chaque conseil de guerre sera composé de sept membres, savoir :

D'un chef de brigade, lequel remplira toujours les fonctions de président,

D'un chef de bataillon ou chef d'escadron,

De deux capitaines,

D'un lieutenant,

D'un sous-lieutenant et d'un sous-officier.

Un capitaine fera les fonctions de rapporteur.

Le greffier sera toujours au choix du rapporteur.

3. Il y aura toujours près le conseil de guerre un capitaine faisant les fonctions de commissaire du Pouvoir exécutif, tant pour l'observation des formes que pour l'application et l'exécution de la loi.

4. Les membres du conseil de guerre, le rapporteur, et le capitaine chargé des fonctions de commissaire du Pouvoir exécutif, seront nommés par le commandant en chef de la division : en cas d'empêchement légitime de quelqu'un de ses membres, il sera pourvu à son remplacement par le commandant.

5. Le commandant en chef de chaque division est autorisé à changer tout ou partie des membres du conseil de guerre, lorsqu'il le croira nécessaire pour le bien du service : ce changement ne pourra néanmoins avoir lieu pour le jugement d'un délit à raison duquel le prévenu sera arrêté, ou l'information commencée.

6. A moins de maladie bien constatée, aucun officier ou sous-officier nommé membre du conseil de guerre,

ne pourra refuser sa nomination, sous peine d'être destitué et puni de trois mois de prison. Le conseil de guerre sera compétent pour prononcer cette peine, dont l'application se fera sur l'ordre par écrit du président, qui sera tenu d'en rendre compte au ministre de la guerre.

7. Les parens et alliés au degré prohibé par la Constitution, ne peuvent être membres du même conseil de guerre.

8. Aucun parent du prévenu au degré prohibé par la Constitution, ne siégera comme juge au conseil de guerre. Dans ce cas, il sera momentanément pourvu à son remplacement.

9. Nul ne sera traduit au conseil de guerre, que les militaires, les individus attachés à l'armée et à sa suite, les embaucheurs, les espions, et les habitans du pays ennemi occupé par les ennemis de la République, pour les délits dont la connoissance est attribuée au conseil de guerre.

10. Sont seuls réputés attachés à l'armée et à sa suite, et comme tels, justiciables du conseil de guerre,

1.° Les voituriers, charretiers, muletiers et conducteurs de charrois, employés au transport de l'artillerie, bagages, vivres et fourrages de l'armée, dans les marches, camps, cantonnemens, et pour l'approvisionnement des places en état de siége;

2.° Les ouvriers suivant l'armée;

3.° Les garde-magasins d'artillerie, ceux des vivres et fourrages pour les distributions, soit au camp, soit dans les cantonnemens, soit dans les places en état de siége;

4.° Tous les préposés aux administrations pour le service des troupes;

5.° Les secrétaires-commis et écrivains des administrateurs, et ceux des états-majors;

6.° Les agens de la trésorerie près les armées;

7.° Les commissaires des guerres;

8.° Les individus chargés de l'établissement et de la levée des réquisitions pour le service ou approvisionnement des armées, et ceux préposés à la répartition et perception des contributions militaires;

9.° Les médecins, chirurgiens et infirmiers des hôpitaux militaires et ambulances; les aides ou élèves des chirurgiens desdits hôpitaux et ambulances;

10.° Les vivandiers, les munitionnaires et boulangers de l'armée;

11.° Les domestiques au service des officiers et des employés à la suite de l'armée.

11. Tout justiciable du conseil de guerre, prévenu d'un délit militaire, sera mis aussitôt en état d'arrestation, sous la garde d'une force suffisante, qui en répondra.

12. L'officier supérieur commandant sur le lieu, qui, par voie de plainte, notoriété publique ou autrement, aura connoissance certaine d'un délit commis par un militaire ou autre justiciable du conseil de guerre, ordonnera sur-le-champ au capitaine faisant les fonctions de rapporteur, de recevoir la plainte, s'il en est fait une, de faire sur-le-champ l'information, d'entendre les témoins, d'interroger le prévenu, et de lui rendre compte. A défaut de plainte, il sera également procédé à l'information.

13. Après avoir reçu la plainte, le rapporteur recevra la déposition des témoins; s'il y a des preuves matérielles du délit, il les constatera. Les témoins signeront leurs déclaratiòns. S'ils ne savent signer, il en sera fait mention.

Dans le cas où les témoins refuseroient de déposer, ou de signer leur déposition, il sera passé outre à l'interrogatoire du prévenu.

14. Pour l'information, comme pour le reste de la procédure, jusqu'au jugement définitif, le rapporteur se fera aider du greffier.

15. Après avoir constaté le corps et les circonstances du délit, et reçu la déposition des témoins, il interrogera le prévenu sur ses nom, prénom, âge, lieu de naissance, profession et domicile, et sur les circonstances du délit. S'il y a des preuves matérielles du délit, elles seront représentées au prévenu, pour qu'il ait à déclarer s'il les reconnoît.

16. S'il y a plusieurs prévenus du même délit, chacun d'eux sera interrogé séparément.

17. L'interrogatoire fini, il en sera donné lecture au prévenu, afin qu'il déclare si ses réponses ont été fidellement transcrites, si elles contiennent vérité, et s'il y persiste ; auquel cas il signera. S'il ne peut ou ne veut signer, il en sera fait mention, et l'interrogatoire sera clos par la signature du rapporteur et celle du greffier. Il sera pareillement donné lecture au prévenu, du procès-verbal d'information.

18. Les interrogatoires et réponses des prévenus du même délit, seront

inscrits de suite sur un seul et même procès-verbal, et séparés seulement par leurs signatures et celles du rapporteur et du greffier.

19. Après avoir clos l'interrogatoire, le rapporteur dira au prévenu de faire choix d'un ami pour défenseur.

Le prévenu aura la faculté de choisir ce défenseur dans toutes les classes des citoyens présens sur les lieux. S'il déclare qu'il ne peut faire ce choix, le rapporteur le fera pour lui.

20. Dans aucun cas, le défenseur ne pourra retarder la convocation du conseil de guerre.

21. Il sera donné au défenseur communication du procès-verbal d'information, de l'interrogatoire subi par le prévenu, et de toutes les pièces tant à charge qu'à décharge envers ledit prévenu.

22. Le rapporteur rendra compte aussitôt à l'officier commandant, de l'état de la procédure; et sur-le-champ ledit officier commandant convoquera le conseil de guerre, qui se tiendra toujours au lieu indiqué par le président.

23. Le conseil de guerre, une fois assemblé, ne pourra désemparer avant que les prévenus pour lesquels il aura

été convoqué, ne soient définitivement jugés.

24. Les séances du conseil de guerre seront publiques; mais le nombre des spectateurs ne pourra excéder le triple de celui des juges : ils ne pourront entrer avec armes, cannes ni bâtons; ils s'y tiendront chapeau bas et en silence; et si quelqu'un d'entre eux s'écartoit du respect dû au tribunal, le président pourra le reprendre, et le condamner à garder prison jusqu'au terme de quinze jours, suivant la gravité du fait.

25. Le conseil étant assemblé, le président fera apporter et déposer devant lui, sur le bureau, un exemplaire de la loi : le procès-verbal fera mention de cette formalité indispensable. Il demandera ensuite au rapporteur la lecture du procès-verbal d'information, et celle des pièces à charge comme à décharge envers le prévenu.

26. Lecture faite du procès-verbal et des pièces, le président ordonnera que l'accusé soit amené devant le conseil : l'accusé paroîtra devant ses juges, libre et sans fers, accompagné de son défenseur; l'escorte restera en dehors de la salle du conseil, ou elle y sera introduite, selon que le président en ordonnera.

27. Le président interrogera l'accusé, lequel répondra par lui ou par son défenseur, excepté sur les questions auxquelles il sera interpellé de répondre personnellement.

Les membres du conseil pourront faire des questions à l'accusé.

28. Si la partie plaignante se présente au conseil, elle y sera admise et entendue ; elle pourra faire ses observations, auxquelles l'accusé répondra, ou son défenseur pour lui ; après quoi, le président demandera à l'accusé et à son défenseur s'ils n'ont rien à ajouter pour leur défense ; sur leur réponse négative, il leur ordonnera de se retirer : l'accusé sera reconduit à la prison par son escorte.

29. Le président demandera aux membres du conseil s'ils ont des observations à faire ; sur leur réponse, et avant d'aller aux opinions, il ordonnera que tout le monde se retire : les membres du conseil opineront à huis clos, en présence seulement du capitaine faisant les fonctions de commissaire du pouvoir exécutif.

30. Le président posera la question ainsi qu'il suit : *N...... accusé d'avoir commis tel délit, est-il coupable?*

Il recueillera les voix, en commençant par le grade inférieur : il émettra son opinion le dernier.

31. Dans le cas où trois membres du conseil déclareroient que l'accusé n'est pas coupable, il sera mis sur-le-champ en liberté, et rendu à ses fonctions.

32. Si le conseil déclare, à la majorité de cinq voix, que l'accusé est coupable, l'officier faisant les fonctions de commissaire du pouvoir exécutif requerra l'application de la peine prononcée par la loi contre le délit ; le président lira le texte de la loi, et prendra l'avis des juges pour l'application de la peine, qui sera déterminée par la majorité de cinq voix.

33. Dans le cas où la majorité de cinq voix ne se réuniroit pas pour l'application de la peine, l'avis le plus favorable à l'accusé sera adopté.

34. Les opinions ainsi recueillies, le président fera rouvrir la porte du conseil ; le rapporteur et le greffier reprendront leur place.

35. Le président, après avoir rendu à haute voix et fait inscrire au procès-verbal la décision du conseil sur la culpabilité de l'accusé, lira de nouveau le texte de la loi, et appliquera la peine prononcée par le conseil.

36. Le jugement de condamnation ainsi prononcé, le président ordonnera au rapporteur de faire ses diligences pour qu'il soit mis de suite à exécution.

Le greffier, en présence du conseil, écrira le jugement motivé au pied du procès-verbal, qui sera ensuite clos et signé de tous les membres du conseil, du rapporteur et dudit greffier.

37. Dans le cas prévu par l'article 31 ci-dessus, le procès-verbal sera terminé par le renvoi ou la décharge d'accusation et la mise en liberté du prévenu, clos et signé comme il vient d'être dit.

38. Le rapporteur, muni de la copie du jugement, ira de suite en faire lecture à l'accusé, en présence de la garde rassemblée sous les armes. Aussitôt après cette lecture, le rapporteur se rendra auprès de l'officier commandant; il lui donnera communication de la sentence, et le requerra, au nom du conseil, de donner les ordres sur-le-champ pour le lieu et l'heure de l'exécution, et le nombre d'hommes en armes qui devra s'y trouver.

39. Dans les trois jours qui suivront l'exécution, le rapporteur sera tenu

de faire passer copie certifiée du jugement de chaque condamné, au conseil d'administration du corps dont il faisoit partie, afin qu'il soit pourvu de suite à sa radiation définitive de tout état et contrôle de solde, masse, fournitures et décompte.

40. La minute de toutes les procédures instruites et des jugemens rendus en conséquence par le conseil de guerre, sera inscrite sur un registre coté et paraphé avec soin, dont le président restera dépositaire. Il sera envoyé, au commencement de chaque mois, par le président, au ministre de la guerre, copie certifiée de tous les jugemens rendus par le conseil de guerre, pendant le mois précédent.

41. Dans la quinzaine de la réception des copies des jugemens dont l'envoi est prescrit par l'article précédent, le ministre de la guerre sera tenu de les notifier aux municipalités du domicile des condamnés, et de s'en faire accuser, par les agens municipaux, la réception et notification aux familles desdits condamnés.

42. A dater de la publication de la présente loi, les conseils et commissions militaires établis en vertu de la loi du second jour complémentaire de

l'an III, seront et demeureront supprimés.

43. La présente résolution sera imprimée.

Signé CAMBACÉRÈS, *président;* T. BERLIER, MATHIEU, DUBOIS (des Vosges), FABRE, *secrétaires.*

Après une seconde lecture, le Conseil des Anciens APPROUVE la résolution ci-dessus. Le 13 brumaire an V de la République françoise.

Signé J. G. LACUÉE, *président;* KERVELEGAN, VIENNET, LEPAIGE, *secrétaires.*

(N°. 848.) *Code des délits et des peines pour les troupes de la République.*

Du 21 brumaire, an 5 de la République, une et indivisible.

LE CONSEIL DES ANCIENS, adoptant les motifs de la déclaration d'urgence qui précède la résolution ci-après, approuve l'acte d'urgence.

Suit la teneur de la déclaration d'urgence et de la résolution du 15 brumaire.

LE Conseil des Cinq-cents, considérant

dérant qu'il est instant de ne rien laisser à l'arbitraire dans le jugement et la punition de quelques excès d'indiscipline non prévus par les loix militaires existantes,

Déclare qu'il y a urgence.

Le Conseil, après avoir déclaré l'urgence, prend la résolution suivante :

TITRE PREMIER.

De la désertion à l'ennemi.

ARTICLE PREMIER.

Tout militaire ou autre individu attaché à l'armée et à sa suite, qui passera à l'ennemi sans une autorisation par écrit de ses chefs, sera puni de mort.

2. Sera réputé déserteur à l'ennemi, et comme tel puni de mort, tout militaire ou autre individu attaché à l'armée et à sa suite, qui, sans ordre ou permission par écrit de son supérieur, aura franchi les limites fixées par le commandant de la troupe dont il fait partie, sur les côtés par lesquels on pourroit communiquer avec l'ennemi.

3. Sera également réputé déserteur à l'ennemi, et puni de mort, tout militaire ou autre individu attaché à

l'armée et à sa suite, qui sortira d'une place assiégée ou investie par l'ennemi, sans en avoir obtenu la permission par écrit du commandant de la place.

4. Tout militaire qui, étant en faction ou en vedette en présence de l'ennemi, aura, sans avoir rempli sa consigne, abandonné son poste pour ne songer qu'à sa propre sûreté, sera puni de mort.

5. Tout militaire ou autre individu employé à l'armée et à sa suite, qui sera convaincu d'avoir excité ses camarades à passer chez l'ennemi, sera réputé chef de complot, et puni de mort, quand même la désertion n'auroit point eu lieu.

6. Lorsque des militaires auront formé le complot de passer à l'ennemi, et que le chef du complot ne sera pas connu, le plus élevé en grade des militaires complices, ou, à grade égal, le plus ancien de service sera réputé chef du complot et puni comme tel.

Si le complot a été formé seulement par des employés à la suite de l'armée, le plus élevé en grade, et à grade égal, le plus ancien de service sera réputé chef du complot et puni comme tel.

7. Tout complice qui révélera un

complot, ne pourra être poursuivi ni puni à raison du crime qu'il aura découvert.

TITRE II.

De la désertion à l'intérieur.

ARTICLE PREMIER.

Tout militaire qui sera convaincu d'avoir déserté de l'armée, ou d'une place de première ligne sur la frontière menacée ou exposée, pour se retirer dans l'intérieur de la République, sera puni de cinq ans de fers.

2. Tout militaire convaincu d'avoir déserté de l'armée, ou d'une place de première ligne, étant de service, sera puni de sept ans de fers; s'il a déserté étant en faction ou en vedette, la peine sera de dix ans de fers. Dans l'un ou l'autre de ces deux cas, la désertion avec armes et bagages sera punie de quinze ans de fers.

3. Sera réputé déserteur à l'intérieur, et puni comme tel, suivant les circonstances du délit, tout militaire qui, à l'armée, aura manqué aux appels faits d'un lever du soleil à l'autre, sans une permission par écrit de ses chefs, ou sans un congé dans les formes prescrites par les loix militaires.

4. Sera également réputé déserteur à l'intérieur, et puni comme tel, suivant les circonstances du délit, tout militaire qui, sans permission ou congé comme il vient d'être dit, aura manqué aux appels pendant un intervalle de trente-six heures, dans une place de premiere ligne.

5. Sera aussi réputé déserteur à l'intérieur, et puni suivant la gravité des circonstances du délit, tout militaire qui, sans congé ou permission ainsi qu'il est dit ci-dessus, aura dépassé les limites fixées par le commandant, du côté opposé à celui de l'ennemi, soit au camp, soit au cantonnement, soit à une place en état de siége.

6. Tout militaire ou autre individu attaché à l'armée et à sa suite hors le territoire de la République, convaincu d'avoir recélé la personne d'un déserteur, d'avoir favorisé son évasion, ou de l'avoir soustrait aux recherches et poursuites ordonnées par la loi, sera regardé comme complice du déserteur, et condamné à la même peine.

7. Tout habitant de l'intérieur de la république, qui sera convaincu d'avoir recélé la personne d'un déserteur ; d'avoir favorisé son évasion,

ou de l'avoir, de quelque autre manière, soustrait aux recherches et poursuites ordonnées par la loi, sera dénoncé à l'accusateur public de son département, poursuivi devant le tribunal criminel, et puni de deux ans de gêne; et de deux ans de fers, s'il a recélé le déserteur avec armes et bagages.

Tout habitant du pays ennemi occupé par les troupes de la République, dans le cas prévu par l'article précédent, sera puni de la même peine que le déserteur, suivant la gravité des circonstances de la désertion.

TITRE III.

De la trahison.

ARTICLE PREMIER.

Tout militaire ou autre individu attaché à l'armée ou à sa suite, convaincu de trahison, sera puni de mort.

2. Sont réputés coupables de trahison,

1.° Tout individu qui, en présence de l'ennemi, sera convaincu de s'être permis des clameurs tendant à jeter l'épouvante et le désordre dans les rangs.

2.° Tout commandant d'un poste,

toute sentinelle ou vedette, qui, en présence de l'ennemi, soit à l'armée, soit dans une place assiégée, aura donné de fausses consignes, lorsque, par suite de cette faute, la sûreté du poste aura été compromise;

3.° Tout commandant d'une patrouille à l'armée ou dans une place assiégée, qui, envoyé en présence de l'ennemi pour faire quelque découverte ou reconnoissance locale, aura négligé d'en rendre compte, ou bien n'aura pas exécuté ponctuellement l'ordre qui lui étoit donné, lorsque, par suite de sa négligence ou de sa désobéissance, le succès de quelque opération militaire se sera trouvé compromis;

4.° Tout commandant d'un poste à l'armée, en présence de l'ennemi ou dans une place assiégée, qui n'auroit pas rendu compte à celui qui le relève, des découvertes qu'il auroit faites, soit par lui-même, soit par ses patrouilles, lorsque, par suite de son silence, la sûreté du poste se sera trouvée compromise;

5.° Tout militaire convaincu d'avoir communiqué le secret du poste ou le mot d'ordre à l'ennemi;

6.° Tout militaire ou autre individu

attaché à l'armée et à sa suite, qui entretiendroit une correspondance dans l'armée ennemie, sans la permission par écrit de son supérieur;

7.° Tout militaire ou autre individu attaché à l'armée ou à sa suite, qui, sans ordre de son supérieur, ou sans motif légitime, auroit encloué ou mis hors de service un canon, mortier, obusier ou affût; ainsi que tout charretier ou conducteur qui, dans une affaire, déroute ou retraite, en présence de l'ennemi, auroit, sans ordre de son supérieur, coupé les traits des chevaux, brisé ou mis hors de service aucune pièce du train ou équipage confié à sa conduite;

8.° Tout commandant d'une place assiégée, qui, sans avoir pris l'avis, ou contre le vœu de la majorité du conseil militaire de la place (auquel devront toujours être appelés les officiers en chef de l'artillerie et du génie), aura consenti à la reddition de la place avant que l'ennemi y ait fait brêche praticable, ou qu'elle ait soutenu un assaut;

9.° Tout commissaire-ordonnateur, ou autre en faisant les fonctions, qui n'auroit pas pourvu aux distributions des vivres et fourrages ordonnés pour toutes les parties du service confié à sa surveillance, lorsqu'il en avoit les moyens, ou qui auroit négligé ou refusé d'instruire le général en chef de l'armée, ou d'une division détachée de l'armée, des besoins en ce genre de ladite armée ou division, si, par suite de cette prévarication, le salut de l'armée ou le succès de ses opérations a été compromis.

TITRE IV.

De l'embauchage et de l'espionnage.

ARTICLE PREMIER.

Tout embaucheur ou complice d'embauchage pour une puissance en guerre avec la République, sera puni de mort.

2. Tout individu, quel que soit son état, qualité ou profession, convaincu d'espionnage pour l'ennemi, sera puni de mort.

3. Tout étranger surpris à lever les plans des camps, quartiers, cantonnemens, fortifications, arsenaux, magasins, manufactures, usines, canaux, rivières, et généralement de tout ce qui tient à la défense et conservation du territoire et à ses communications, sera arrêté comme espion, et puni de mort.

TITRE V.

Du pillage, de la dévastation et de l'incendie.

ARTICLE PREMIER.

Tout militaire ou autre individu attaché à l'armée et à sa suite, convaincu de pillage à main armée ou en troupe, soit dans les habitations, soit sur les personnes, soit dans les propriétés des habitans de quelque pays que ce soit, sera puni de mort.

2. Sera également puni de mort tout militaire ou autre individu attaché à l'armée et à sa suite, qui sera convaincu d'avoir porté le ravage et le dégât, à main armée ou en troupe, sur les propriétés des habitans de quelque pays que ce soit, sans l'ordre par écrit du général ou autre commandant en chef.

3. Tout militaire ou autre individu attaché à l'armée et à sa suite, qui sera convaincu d'avoir mis le feu aux magasins, arsenaux, maisons rurales ou d'habitation, ou à toute autre propriété publique ou particulière, moissons ou récoltes faites ou à faire, en quelque pays que ce soit, sans l'ordre par écrit

du général ou autre commandant en chef, sera puni de mort.

4. Tout militaire ou autre individu attaché à l'armée et à sa suite, convaincu d'avoir attenté à la vie de l'habitant non armé, à celle de sa femme ou de ses enfans, en quelque pays et lieu que ce soit, sera puni de mort.

Le viol commis par un militaire ou tout autre individu attaché à l'armée et à sa suite, sera puni de huit ans de fers. Si le coupable s'est fait aider par la violence ou les efforts d'un ou de plusieurs complices, ou si le viol a été commis sur une fille âgée de moins de quatorze ans, la peine sera de douze ans de fers.

Si la fille ou la femme violée est morte des excès commis sur sa personne, le coupable sera puni de mort.

5. Tout militaire qui, hors le cas d'un ordre donné par le général ou autre commandant en chef, sera convaincu d'avoir, pendant ou après une action et sur le champ de bataille, dépouillé un homme tué au combat, sera puni de cinq ans de fers.

La peine sera de dix ans de fers pour le vivandier ou autre individu non militaire convaincu du même délit.

6. Tout militaire convaincu d'avoir, pendant ou après une action et sur le champ de bataille, dépouillé un homme mis hors de combat mais encore vivant, sera puni de dix ans de fers.

La peine sera de vingt ans de fers pour le vivandier ou autre individu non militaire convaincu du même délit.

7. Tout individu qui, en dépouillant un homme mis hors de combat, mais encore vivant, sera convaincu de l'avoir mutilé ou tué pour s'assurer de sa dépouille, sera puni de mort.

8. Tout vivandier ou autre individu attaché à l'armée et à sa suite, qui aura acheté, recélé, ou qui sera de toute autre manière détenteur ou dépositaire de la dépouille enlevée à un homme dans les cas prévus par les articles 5, 6 et 7 ci-dessus, sera chassé de l'armée, camp ou cantonnement; tous ses effets, marchandises et argent seront saisis: lesdits effets et marchandises seront vendus à l'encan, et le produit du tout sera appliqué au profit des hôpitaux et ambulances de l'armée.

9. Seront pareillement saisis et vendus à l'encan tous les effets et marchandises du vivandier ou autre individu condamné pour un des faits de pillage, dévastation, incendie et spo-

liation prévus et spécifiés au présent titre, et le produit en provenant sera appliqué au profit des hôpitaux et ambulances de l'armée.

10. A l'égard des effets reconnus pour avoir appartenu aux hommes dépouillés sur le champ de bataille, ils seront vendus, et le prix en provenant sera déposé dans les caisses des conseils d'administration des corps respectifs, soit de ces mêmes hommes, soit de ceux qui auront été condamnés pour le fait de spoliation, pour être le produit desdits effets remis aux familles qui les réclameront.

Les effets provenant des militaires condamnés à mort pour le fait de spoliation prévu par l'article 7 ci-dessus, seront pareillement vendus, et les deniers en provenant rendus aux familles qui les réclameront.

TITRE VI.

De la maraude.

ARTICLE PREMIER.

Tout sous-officier ou volontaire, ou tout autre individu attaché à l'armée et à sa suite, qui s'étant introduit dans la maison, cour, bassecour, jardin, parc ou enclos fermé de murs, et généralement dans toute propriété close de l'habitant, sera convaincu d'y avoir pris, soit bétail, soit volaille, viande, fruits, légumes ou tout autre comestible ou fourrage, sera condamné à faire deux fois le tour du quartier que son corps occupera, soit au camp, soit au cantonnement, au milieu d'un piquet bordant la haie, le reste de la troupe étant dehors et sous les armes; il portera ostensiblement la chose dérobée, ayant son habit retourné, et sur la poitrine un écriteau apparent, portant le mot *maraudeur*, en gros caractères.

Si la chose dérobée ne peut être portée par le maraudeur; après avoir fait les deux tours avec l'habit retourné et l'écriteau seulement, il sera exposé pendant trois heures en avant du centre ou sur la place du quartier, ayant près de lui la chose dérobée, l'habit et l'écriteau comme il est dit. Il sera maintenu en cette exposition par une garde suffisante.

2. Si le maraudeur a escaladé les murs ou forcé les portes, il fera trois tours et subira une heure de plus d'exposition.

3. Sera condamné aux peines ci-dessus tout militaire ou autre individu

attaché à l'armée et à sa suite, convaincu d'avoir pris du bétail gardé à la corde ou en troupeau dans le champ de l'habitant.

4. La récidive dans les délits de maraudage ci-dessus spécifiés, de la part des militaires, sera punie de cinq années de fers.

5. Tout sous-officier convaincu de maraudage dans l'un des cas prévus par les articles 1, 2 et 3 ci-dessus, sera cassé, indépendamment de la peine prononcée pour le délit.

6. Tout employé à la suite de l'armée, convaincu de maraudage dans l'un des cas prévus par les articles 1, 2 et 3 ci-dessus, sera chassé de son emploi; ce qui sera échu de ses appointemens ou salaires, lui sera retenu à concurrence du prix de la chose dérobée, et payé au propriétaire, le tout indépendamment de la peine encourue pour le fait de maraude.

7. Tout vivandier ou autre individu attaché à l'armée et à sa suite, non entretenu des fonds de la République, convaincu de maraudage, sera puni de cinq ans de fers, et condamné à restituer au propriétaire le double du prix de la chose dérobée, même par voie de saisie et vente de

ses marchandises et effets, jusqu'à concurrence de la somme due pour restitution.

8. Tout militaire ou employé à la suite de l'armée et entretenu des fonds de la République, convaincu de persistance dans un délit de maraudage, ou de refus d'obéir au supérieur qui auroit voulu s'y opposer, sera puni de cinq ans de fers.

9. Tout délit de maraudage commis en troupe à main armée, sera puni de huit ans de fers.

10. Tout officier convaincu de ne s'être point opposé à la maraude faite en sa présence, ou qui s'y étant inutilement opposé, n'aura pas aussitôt dénoncé à l'officier supérieur le délit et ses auteurs, sera destitué et puni de trois mois de prison.

11. Tout officier qui, oubliant ce qu'il doit, en sa qualité, au maintien de la discipline et de l'honneur militaire, sera convaincu d'un délit de maraude, sera destitué, chassé du corps, puni de deux ans de prison, déclaré incapable d'occuper aucun grade dans les troupes de la République, et déchu de tout droit à la pension ou récompense, à raison de son service antérieur.

S'il a commis le délit avec ses subordonnés, il sera puni de dix ans de fers; s'il a conduit sa troupe à la maraude, il sera puni de mort.

12. Sera destitué et puni d'un an de prison, tout officier qui aura acheté ou reçu de ses subordonnés aucuns objets provenant de la maraude.

TITRE VII.

Du vol et de l'infidélité dans la gestion et manutention.

ARTICLE PREMIER.

Tout militaire ou employé à la suite de l'armée, qui, pour faire payer à sa troupe ou à ses subordonnés ce que la loi leur accorde, sera convaincu d'avoir porté son état de situation au-dessus du nombre effectif présent, sera puni de trois ans de fers, et condamné à restituer ce qu'il aura touché au-delà de ce qui revenoit à sa troupe ou à ses subordonnés.

2. Tout commissaire des guerres convaincu de connivence avec le militaire ou l'employé qui auroit fait un état de paie ou de distribution porté au-dessus du nombre effectif présent, sera puni de cinq ans de fers, et con-

damné à restituer les sommes payées ou les fournitures délivrées sur son ordonnance au-delà de ce qui revenoit de droit à la troupe comprise audit état.

3. Tout garde-magasin, distributeur ou manutentionnaire des vivres et fourrages pour les emmagasinemens et distributions à faire à l'armée et dans les places en état de siége, tout voiturier, charretier, muletier ou conducteur de charrois employé au transport de l'artillerie, bagages, vivres et fourrages de l'armée, qui sera convaincu d'avoir vendu ou détourné à son profit une partie des objets confiés à sa garde, manutention ou conduite, sera puni de cinq ans de fers, et condamné à la restitution desdits objets.

4. Tout munitionnaire ou boulanger de l'armée, qui sera convaincu d'avoir détourné ou vendu à son profit, soit des farines, soit du bois ou des ustensiles destinés à alimenter son service, sera puni de cinq ans de fers, et condamné à la restitution desdits objets.

5. Tout munitionnaire ou boulanger de l'armée qui sera convaincu d'avoir altéré ses farines par l'introduction de

matières étrangères ou évidemment malfaisantes, ou d'en avoir introduit d'une qualité inférieure à celles fournies par les administrations, sera puni de cinq ans de fers.

6. Tout munitionnaire ou boulanger qui sera convaincu d'avoir, par sa négligence, laissé gâter ou corrompre les grains ou farines confiés à sa manipulation, sera puni de six mois de prison, et condamné au remplacement des objets dépéris par sa négligence.

7. Tout munitionnaire ou boulanger de l'armée, convaincu d'infidélité dans le poids des rations de pain, sera puni de deux ans de fers, et condamné à une amende quadruple du prix des rations de pain par lui fournies dans la même distribution.

8. Tout munitionnaire chargé de la fourniture et distributions de la viande aux armées, convaincu d'avoir fourni et distribué des viandes dont le débit est prohibé par les règlemens de police, sera puni de trois ans de fers.

S'il a abattu et débité des animaux attaqués de maladie contagieuse, il sera puni de vingt ans de fers.

Dans l'un et l'autre cas, il sera condamné au remplacement des viandes réprouvées.

9. Tout munitionnaire chargé de la fourniture et distribution de la viande aux armées, qui aura débité et distribué des viandes gâtées ou corrompues, sera puni de trois mois de prison, et de six mois si le fait provient de sa négligence. Dans l'un et l'autre cas, il sera condamné au remplacement, à ses frais, de la viande réprouvée.

10. Tout munitionnaire chargé de la fourniture et distribution de la viande aux armées, qui sera convaincu d'avoir distribué à faux poids, sera puni de deux ans de fers, et condamné à une amende quadruple du prix des viandes par lui débitées dans la même distribution.

11. Tout manutentionnaire de légumes et fourrages, qui sera convaincu d'avoir, par défaut de soin, laissé gâter ou avarier ces objets, sera puni de six mois de prison, et condamné au remplacement des quantités dépéries par sa faute.

12. Tout distributeur de légumes et fourrages à l'armée et dans les places en état de siége, convaincu d'infidélité dans la mesure ou dans le poids des

rations, sera puni de deux ans de fers.

TITRE VIII.

De l'insubordination.

ARTICLE PREMIER.

Tout militaire ou autre individu employé au service de l'armée, qui, lorsque la générale aura été battue, ne se sera pas rendu à son poste, sera, pour la première fois, puni d'un mois de prison; pour la seconde fois, de trois mois, et destitué de son grade ou emploi. Le simple volontaire, dans ce second, sera puni de six mois de prison.

Dans le cas d'une seconde récidive, le coupable sera puni de deux ans de fers.

2. Tout officier qui, devant marcher à l'ennemi, ne se sera pas rendu à son poste, sera destitué, puni de trois mois de prison et déclaré incapable de remplir aucun grade dans les armées de la République.

Si c'est un sous-officier, il sera puni de deux mois de prison, cassé de son grade et réduit à la paie de simple volontaire.

Si c'est un simple volontaire, il sera puni d'un mois de prison.

Enfin, si c'est un employé attaché au service de l'armée, il sera destitué de son emploi et puni d'un mois de prison.

La récidive de la part du sous-officier ou volontaire, sera punie de deux ans de fers.

3. La révolte ou la désobéissance combinée envers les supérieurs, emportera peine de mort contre ceux qui l'auront suscitées, et contre les officiers présens qui ne s'y seront point opposés par tous les moyens à leur disposition.

4. La révolte, la sédition ou la désobéissance combinée de la part des habitans du pays ennemi occupé par les troupes de la République, sera puni de mort, soit que la désobéissance se soit manifestée contre les chefs militaires, soit que la révolte ou sédition ait été dirigée contre tout ou partie des troupes de la République.

Sera puni de la même peine tout habitant du pays ennemi, convaincu d'avoir excité le mouvement de révolte, sédition ou désobéissance, quand même il n'y auroit pas autrement pris part, ou que ses efforts pour l'exciter auroient été sans succès.

5. En cas d'attroupement de la part des militaires ou autres individus attachés à l'armée et à sa suite, les

supérieurs commanderont, au nom de la loi, que chacun se retire. Si le rassemblement n'est pas dissous par le commandement fait au nom de la loi, les supérieurs sont autorisés à employer tous les moyens de force qu'ils jugeront nécessaires pour le dissiper. Les auteurs dudit attroupement (au nombre desquels seront toujours compris les officiers qui en feront partie), seront aussitôt saisis, traduits au conseil de guerre, et punis de mort.

6. Toute troupe qui aura abandonné en masse, et sans ordre supérieur, le poste où elle étoit de service, sera déclarée en révolte. Dans ce cas, les officiers et sous-officiers, ou, à leur défaut, les six plus anciens de service faisant partie de la troupe, seront saisis, traduits au conseil de guerre, et punis de dix ans de fers, à moins qu'ils ne déclarent les vrais auteurs du délit, sur lesquels seront alors dirigées les poursuites, et qui subiront la peine de mort, comme chefs de révolte.

7. Tout militaire convaincu d'avoir, dans une affaire avec l'ennemi, jeté lâchement ses armes, sera puni de trois ans de fers.

8. Toute troupe qui étant commandée pour marcher ou donner contre

l'ennemi, ou pour tout autre service ordonné par le chef, aura refusé d'obéir, sera déclarée en révolte, et traitée conformément aux dispositions de l'article 6 ci-dessus.

9. Tout militaire ou autre individu attaché à l'armée, qui, étant commandé pour marcher ou donner contre l'ennemi, ou pour tout autre service ordonné par le chef, en présence de l'ennemi et dans une affaire, aura formellement refusé d'obéir, sera puni de mort.

10. Tout militaire trouvé endormi en faction ou en vedette dans les postes les plus près de l'ennemi ou sur les fortifications d'une place assiégée ou investie, sera puni de deux ans de fers.

11. Tout militaire qui, étant en faction ou en vedette dans les postes les plus près de l'ennemi ou sur les fortifications d'une place assiégée ou investie, sera convaincu de n'avoir point exécuté sa consigne, sera puni de deux ans de fers.

12. Tout commandant d'un poste devant l'ennemi ou dans une place assiégée, qui sera convaincu d'avoir changé la consigne donnée, sans en avoir sur-le-champ rendu compte au commandant en chef, sera puni de six mois de prison.

13. Tout militaire convaincu d'avoir forcé ou violé la consigne générale donnée pour la troupe, soit au camp, soit au cantonnement, quartier, garnison ou caserne, sera puni de dix ans de fers.

14. Toute violation d'une consigne générale, commise par une troupe, sera poursuivie comme acte de désobéissance combinée; les chefs et instigateurs de ce délit, ainsi que les officiers qui y auroient pris part, seront punis de dix ans de fers.

Si la violation de la consigne a été faite à main armée par une troupe, il en sera usé à son égard conformément aux dispositions de l'article 6 du présent titre.

15. Tout militaire convaincu d'avoir insulté ou menacé son supérieur, de propos ou de gestes, sera puni de cinq ans de fers; s'il s'est permis des voies de fait à l'égard du supérieur, il sera puni de mort.

16. Tout militaire qui, hors les cas de défense naturelle et ceux de ralliement des fuyards devant l'ennemi, ou de dépouillement des morts ou des blessés sur le champ de bataille, prévus par les articles 5, 6 et 7 du titre V du présent code, sera convaincu d'avoir frappé

frappé son subordonné, sera destitué de son grade, puni d'un an de prison, et déclaré incapable d'occuper aucun grade dans les troupes de la République.

Si la mort s'est ensuivie des mauvais traitemens, le coupable sera puni de mort.

17. Lorsque, par une coupable négligence, la force armée aura laissé évader un prévenu de délit militaire, confié à sa garde, les officiers, sous-officiers, et les quatre volontaires plus anciens de service faisant partie de la force armée, seront poursuivis et punis de la même peine que le prévenu auroit dû subir, sans néanmoins que cette peine puisse excéder deux ans de fers. Si, dans le débat, le véritable auteur du délit est découvert, il en portera seul la peine, qui pourra être étendue à trois années de fers.

18. Toute force armée qui se sera opposée, par quelque moyen que ce soit, à la traduction, poursuite et jugement ou exécution d'un coupable de délit militaire, sera réputée en révolte et traitée comme telle, conformément aux articles 3, 5 et 6 du présent titre.

19. Tout complice d'un délit subira

la même peine que celui qui aura commis le délit.

20. Dans tous les cas où, d'après les dispositions du présent code, la peine du délit emporte celle de destitution; cette dernière peine sera formellement prononcée par la sentence de condamnation.

21. Toute condamnation d'un militaire à la peine des fers, emportera dégradation, aussitôt après la sentence rendue.

22. Tout délit militaire non prévu par le présent code, sera puni conformément aux loix précédemment rendues.

23. Tout général d'armée, tout commandant en chef de troupes, reste autorisé à faire tous les règlemens de simple discipline correctionnelle qu'il jugera nécessaires au maintien de l'ordre et de la subordination des militaires et autres individus au service des troupes soumises à son commandement.

24. La présente résolution sera imprimée.

Signé Cambacérès, *président*; Fabre, T. Berlier, Mathieu, Dubois (des Vosges), *secrétaires*.

Après une seconde lecture, le Conseil des Anciens APPROUVE la résolution ci-dessus. Le 21 brumaire, an V de la République francoise.

Signé J. G. LACUÉE, *président*; LEPAIGE, VIENNET, KERVELEGAN, *secrétaires*.

Le Directoire exécutif ordonne que la loi ci-dessus sera publiée, exécutée, et qu'elle sera munie du sceau de la République. Fait au palais national du Directoire exécutif, le 22 brumaire, l'an V de la République françoise, une et indivisible.

Pour expédition conforme, *signé* P. BARRAS, *président*; par le Directoire exécutif *le secrétaire général* LAGARDE; *et scellé du sceau de la République*.

Certifié conforme :

Le Ministre de la Justice,

MERLIN.

(3)

[illegible] des Armées de terre [illegible]

tion d'Oss[illegible] [illegible] an V

de la République française.

Signé J. G. [illegible], président; [illegible]

[illegible], [illegible] secrétaires.

Le Directoire exécutif ordonne que [illegible]

[illegible]

[illegible] qu'elle sera munie du sceau de la Ré-

publique. Fait au Palais national du

Directoire exécutif, le [illegible]

LOI

Portant établissement de conseils permanens pour la révision des jugemens des conseils de guerre.

Du 18 vendémiaire an 6.

Le conseil des anciens, adoptant les motifs de la déclaration d'urgence qui précède la résolution ci-après, approuve l'acte d'urgence.

Suit la teneur de la déclaration d'urgence et de la résolution du 18 vendémiaire.

Le conseil des cinq-cents, considérant que la loi du 13 brumaire dernier, portant établissement des conseils de guerre pour les troupes de la république, n'assure aux militaires prévenus aucune garantie contre la violation ou l'omission des formes, ni contre l'incompétence des conseils de guerre; considérant que cette garantie peut se concilier avec la célérité qu'il convient d'apporter dans l'exercice de la justice criminelle militaire ; qu'il est instant de faire participer les troupes au bienfait que la constitution accorde à tous les citoyens, autant que leur régime militaire peut le comporter, et de la manière la plus analogue à la nature et à la composition de ces tribunaux, déclare qu'il y a urgence.

Le conseil, après avoir déclaré l'urgence, prend la résolution suivante :

Article premier.

Il sera établi, pour toutes les troupes de la république, un conseil de révision permanent, dans chaque division d'armée, et dans chaque division de troupes employée dans l'intérieur.

2. Le conseil de révision sera composé de cinq membres ; savoir : d'un officier général, qui présidera ; d'un chef de brigade ; d'un chef de bataillon ou d'escadron ; de deux capitaines, et d'un greffier, qui sera toujours au choix du président.

Le rapporteur sera pris parmi les membres du conseil, et choisi par eux.

3. Il y aura près le conseil de révision un commissaire-ordonnateur, ou un commissaire ordinaire des guerres de la première classe, faisant

les fonctions de commissaire du pouvoir exécutif.

4. Les généraux d'armée, les généraux ou commandans en chef des divisions de troupes dans l'intérieur, nommeront, chacun dans leur commandement respectif, les membres du conseil de révision, ainsi que le commissaire-ordonnateur ou ordinaire des guerres chargé d'y remplir les fonctions de commissaire du pouvoir exécutif.

Ils demeurent également autorisés à pourvoir au remplacement momentané de ceux des membres du conseil qui se trouveroient empêchés par des motifs légitimes.

5. A défaut d'un nombre suffisant d'officiers admissibles au conseil de révision, dans une division de troupes employée dans l'intérieur, le commandant en chef de cette division demeure autorisé à y suppléer par des officiers de grades correspondans, retirés chez eux par suite de réforme ou suppression, et ayant servi dans la guerre de la liberté. Dans aucun cas, le commandant en chef de la division qui a nommé les membres du conseil de guerre, ne sera admis au conseil de révision.

6. Aucun militaire ne sera membre du conseil de révision, s'il n'est âgé de 30 ans accomplis, s'il n'a fait trois campagnes devant l'ennemi, ou s'il n'a six ans de service effectif dans les armées de terre ou de mer.

7. Les dispositions des articles 6, 7 et 8 de la loi du 13 brumaire an 5, sont applicables aux membres du conseil de révision.

8. Nul ne pourra participer à la révision du jugement d'un conseil de guerre auquel son parent ou allié, au degré prohibé par l'article 207 de la constitution, aura siégé comme juge : dans ce cas, il sera momentanément remplacé, ainsi qu'il est prescrit par l'article 4 ci dessus.

9. Le conseil de révision sera toujours convoqué par le président, et dans le local qu'il désignera.

10. Les séances du conseil de révision seront publiques ; mais le nombre des spectateurs ne pourra excéder le triple de celui des juges : ils s'y tiendront chapeau bas et en silence ; et si quelqu'un d'eux s'écartoit du respect dû au conseil, le président pourra le reprendre, et le condamner à garder prison jusqu'au terme de quinze jours, suivant la gravité du fait.

11. Le conseil est chargé de réviser (sur la demande du commissaire du directoire exécutif, ou celle des parties, par elles ou leurs défenseurs), les jugemens rendus par les conseils de guerre établis par la loi du 13 brumaire, et ceux rendus par les conseils militaires, depuis le 17 germinal an 4, qui n'auroient pas été soumis à la révision.

12. En cas qu'il n'existe pas de pourvoi de la part des parties, le commissaire du pouvoir exécutif pourra se pourvoir d'office : cependant, en cas d'acquittement des prévenus, il n'aura que vingt-quatre heures de délai pour notifier son pourvoi au greffe du conseil de guerre.

13. Dans les vingt-quatre heures de la notification du pourvoi, le conseil de guerre enverra les pièces de la procédure, avec copie de son jugement, au président du conseil de révision, qui sera tenu de convoquer aussitôt les membres de ce conseil.

14. Le conseil de révision une fois assemblé, pour prononcer sur la validité d'un jugement, ne pourra désemparer avant d'avoir donné sa décision.

15. Les défenseurs des parties seront

admis au conseil, s'ils s'y présentent : ils pourront, après le rapport, faire toutes observations pertinentes ; ensuite le commissaire du pouvoir exécutif fera ses réquisitions, auxquelles les défenseurs seront admis à faire des observations, s'ils le croient nécessaire, et le conseil procédera au jugement.

16. Le conseil de révision prononce, à la majorité des voix, l'annullation des jugemens, dans les cas suivans ; savoir : 1.° Lorsque le conseil de guerre n'a point été formé de la manière prescrite par loi ; 2.° lorsqu'il a outre-passé sa compétence, soit à l'égard des prévenus, soit à l'égard des délits dont la loi lui attribue la connoissance ; 3.° lorsqu'il s'est déclaré incompétent pour juger un prévenu soumis à sa juridiction ; 4.° lorsqu'une des formes prescrites par la loi n'a point été observée, soit dans l'information, soit dans l'instruction ; 5.° enfin, lorsque le jugement n'est pas conforme à la loi, dans l'application de la peine.

17. Le conseil de révision ne peut connoître du fond de l'affaire ; mais il est tenu d'annuller le jugement lorsqu'il est attaqué d'un des vices spécifiés en l'article précédent.

18. Si la nullité du jugement résulte du défaut de compétence, le conseil de révision renvoie le fond du procès au tribunal qui doit en connoître : dans tout autre cas, il le renvoie au conseil de guerre spécialement établi dans chaque division, ainsi qu'il est dit ci-après, pour qu'il y soit procédé à une nouvelle information et instruction.

19. Il sera établi, conformément à la loi du 13 brumaire an 5, dans chaque division d'armée, et dans chaque division de troupes dans l'intérieur, un second conseil de guerre permanent, pour connoître et juger tous les délits militaires, en cas d'annullation des jugemens par le conseil de révision de la division.

20. Les loix des 13 brumaire et 4 fructidor an 5, sont communes à ces conseils de guerre ; l'article 5 de la présente leur est pareillement applicable.

21. Dans aucun cas, les membres des conseils de guerre établis par la loi du 13 brumaire, ne pourront se réunir, pour l'instruction de la procédure, avec ceux établis par la présente.

22. En cas de confirmation du juge-

ment, le conseil de révision renvoie les pièces du procès, avec copie de sa décision, signée de tous ses membres, au conseil de guerre dont le jugement est confirmé, lequel est tenu d'en poursuivre l'exécution dans les délais et aux termes de la loi du 13 brumaire.

En cas d'annullation, l'envoi des pièces du procès et de la décision du conseil, se fait, dans les vingt-quatre heures, au tribunal indiqué par l'article 19 ci-dessus. L'envoi de la décision seulement, se fait tant au ministre de la guerre qu'au conseil de guerre dont le jugement est annullé.

La transmission des pièces et de la décision du conseil se fait par le rapporteur, auquel il doit être donné acte de la remise, pour sa décharge.

23. Lorsqu'après une annullation, le second jugement, sur le fond, est attaqué par les mêmes moyens que le premier, la question ne peut plus être agitée au conseil de révision ; elle est soumise au corps législatif, qui porte une loi à laquelle le conseil de révision est tenu de se conformer.

24. Aucune décision ne sera prise par le conseil de révision, sans qu'au préalable le président n'ait fait apporter

et déposer sur le bureau un exemplaire, tant de la loi du 13 brumaire an 5, que de celle qui statue sur la composition des conseils de guerre pour le jugement des officiers généraux et autres, et de la présente. Le registre des séances constatera cette formalité indispensable ; et il en sera fait mention sur les copies de la décision du conseil, à transmettre, soit au conseil de guerre, soit à un autre tribunal.

25. La décision du conseil de révision sera motivée.

26. Le directoire exécutif est chargé d'envoyer aux conseils de guerre et de révision, des modèles de jugemens et de décisions, conformes aux dispositions de la loi du 13 brumaire et de la présente.

27. La présente résolution sera imprimée.

Après une seconde lecture, le conseil des anciens approuve la résolution ci-dessus. Le 18 vendémiaire, an 6 de la république françoise.

LOI

Relative à la révision des jugemens militaires.

Du 15 brumaire an 6.

Le conseil des anciens, adoptant les motifs de la déclaration d'urgence qui précède la résolution ci-après, approuve l'acte d'urgence.

Suit la teneur de la déclaration d'urgence et de la résolution du 7 brumaire.

Le conseil des cinq-cents, considérant qu'un grand nombre de jugemens rendus par les conseils militaires, depuis le 2.e jour complémentaire an 3, époque de leur établissement, jusqu'au 17 germinal an 4, n'ont pu être soumis à la révision, et qu'il est juste et instant de leur étendre la même faveur qu'à ceux rendus postérieurement ; considérant qu'il est indispensable de fixer le délai pour se pourvoir en révision, et voulant prévenir les difficultés qui pourroient s'élever sur le mode d'exécution de la loi du 18 vendémiaire dernier, déclare qu'il y a urgence.

Le conseil, après avoir déclaré l'urgence, prend la résolution suivante :

ARTICLE PREMIER.

La faculté de se pourvoir en révision, accordée par l'article 11 de la loi du 18 vendémiaire dernier, contre les jugemens militaires rendus depuis le 17 germinal an 4, est étendue à tous les jugemens rendus par les conseils militaires, depuis leur établissement.

2. Les individus condamnés par jugement militaire, avant le 18 vendémiaire, qui voudront se pourvoir, sont tenus d'en faire la demande dans les deux mois qui suivront la proclamation de la présente : passé ce délai, ils n'y seront plus admis.

3. Cette demande sera adressée et notifiée au greffe du conseil de révision de la division militaire dans l'arrondissement de laquelle ils se trouveront.

Le greffier en tiendra note sur un registre destiné à cet effet.

4. Le président du conseil s'adressera, en cas de besoin, au ministre de la guerre, pour se procurer les pièces et tous les renseignemens concernant les demandes en révision.

5. En cas de confirmation du juge-

ment, le conseil de révision, indépendamment de l'envoi qu'il est tenu de faire de sa décision au ministre de la guerre et au conseil de guerre qui a rendu le jugement, en fait passer une expédition à l'individu condamné.

6. En cas d'annullation, le conseil renvoie le prévenu, avec sa décision et les pièces du procès, pour qu'il soit procédé à une nouvelle information et instruction, devant le conseil de guerre le plus à portée d'entendre les témoins et de vérifier les faits.

7. Les individus condamnés par jugement militaire, depuis le 18 vendémiaire dernier jusqu'à la publication de la présente, qui n'avoient pas notifié leur pourvoi, auront deux décades pour le faire, à partir de ladite publication.

8. Le délai, pour se pourvoir en révision des jugemens à rendre par les conseils de guerre, est de vingt-quatre heures, à partir de la lecture du jugement qui doit être faite, par le rapporteur, à l'accusé : passé ce délai, l'accusé ne peut plus être admis à se pourvoir.

Le rapporteur est tenu, après la lecture, d'avertir l'accusé de cette disposition, et d'en faire mention au pied du jugement.

9. Le commissaire du pouvoir exécutif n'a également que vingt-quatre heures pour se pourvoir d'office, après le délai accordé à l'accusé.

10. La présente résolution sera imprimée.

Après une seconde lecture, le conseil des anciens approuve la résolution ci-dessus. Le 15 brumaire, an 6 de la république françoise.

LOI

Relative à la formation des conseils de guerre et de révision dans les places de guerre investies et assiégées.

Du 11 frimaire an 6.

Le conseil des anciens, adoptant les motifs de la déclaration d'urgence qui précède la résolution ci-après, approuve l'acte d'urgence.

Suit la teneur de la déclaration d'urgence et de la résolution du 29 vendémiaire.

Le conseil des cinq-cents, considérant que la loi du 13 brumaire de l'an 5, qui règle la manière de procéder au jugement des délits militaires, et celle du 18 de ce mois, portant établissement des conseils de révision, n'ont pas prévu le cas où une place de guerre seroit investie et assiégée, et qu'il est instant de réparer cette omission, déclare qu'il y a urgence.

Le conseil, après avoir déclaré l'urgence, prend la résolution suivante :

Article premier.

Dans toute place de guerre investie et assiégée, il sera formé des conseils de guerre et de révision, dont les membres seront pris, sur la désignation du commandant en chef de la place, parmi les officiers et sous-officiers de la garnison.

2. La durée de leurs fonctions ne pourra excéder celle de l'état de siége.

3. Les présidens de ces conseils adresseront au ministre de la guerre, aussitôt qu'il leur sera possible, copie certifiée des jugemens rendus.

4. Les loix relatives aux conseils de guerre et de révision permanens, sont communes à ceux établis par la présente, en tout ce qui n'y est pas contraire.

5. La présente résolution sera imprimée.

Après une seconde lecture, le conseil des anciens approuve la résolution ci-dessus. Le 11 frimaire, an 6 de la république françoise.

ARRÊTÉ

Qui approuve sept formules pour servir de modèles de jugemens et de décisions aux conseils de guerre et de révision.

Du 8 frimaire an 6.

Le directoire exécutif, vu les sept formules qui lui ont été présentées par le ministre de la justice, pour servir de modèles de jugemens et de décisions aux conseils de guerre et aux conseils de révision, créés par les loix du 13 brumaire et du 4 fructidor de l'an 5, et par celle du 18 vendémiaire dernier, approuve ces sept formules dans leur contenu ; ordonne, en vertu de l'article 26 de la loi du 18 vendémiaire dernier, qu'elles serviront de modèles de jugemens et de décisions aux conseils de guerre et aux conseils de révision, et qu'elles demeureront annexées au présent arrêté.

Le présent arrêté sera imprimé en nombre d'exemplaires suffisant pour fournir au besoin des conseils de guerre et de révision.

Les ministres de la justice et de la guerre sont chargés de son exécution, chacun en ce qui le concerne.

FORMULES.

PREMIÈRE FORMULE.

Jugement d'un conseil de guerre, portant condamnation.

Jugement rendu par le conseil de guerre permanent de la... division militaire (ou de l'armée...)

Au nom du peuple françois.

Observation générale. Soit qu'un jugement absolve, soit qu'il condamne, le rapporteur ne doit le faire exécuter dans toutes ses dispositions, que lorsque les délais accordés soit au condamné, soit au commissaire du pouvoir exécutif, pour se pourvoir en révision, sont expirés; le rapporteur ne manquera pas de constater au bas du jugement, le jour et l'heure de la lecture dudit jugement à l'accusé.

Cejourd'hui (mettre la date du mois et

et l'année) de la république françoise, une et indivisible, le conseil de guerre (comme dans le titre), créé en vertu de la loi du 13 brumaire de l'an 5, composé, conformément à cette loi, des citoyens (mettre les noms et les grades des sept membres du conseil), le citoyen (le nom et le grade du capitaine-rapporteur) faisant les fonctions de capitaine-rapporteur, et le citoyen (le nom et le grade du commissaire du pouvoir exécutif) faisant celles de commissaire du pouvoir exécutif, tous nommés par le général de division (mettre le nom du général), commandant cette division ; assisté du citoyen (le nom du greffier), greffier nommé par le rapporteur ; lesquels, aux termes des articles 7 et 8 de la même loi, ne sont parens ou alliés ni entre eux, ni du prévenu, au degré prohibé par la constitution.

Le conseil, convoqué par l'ordre du commandant, s'est réuni dans le lieu ordinaire de ses séances (particulariser ce lieu), à l'effet de juger (mettre ici les noms, état et profession de l'accusé, son lieu de naissance et son signalement), accusé de (énoncer ici le délit, ou les délits, s'il y en a plusieurs).

Nota. Observez de mettre au pluriel le mot accusé et tout ce qui s'y rapporte, s'il arrive qu'il y ait deux ou plusieurs accusés.

La séance ayant été ouverte, le président a fait apporter par le greffier et déposer devant lui sur le bureau un exemplaire de la loi du 13 brumaire de l'an 5, et a demandé ensuite au rapporteur la lecture du procès-verbal d'information, et de toutes les pièces tant à charge qu'à décharge envers l'accusé, au nombre de (mettre ici le nombre des pièces).

Cette lecture terminée, le président a ordonné à la garde d'amener l'accusé, lequel a été introduit libre et sans fers devant le conseil, accompagné de son défenseur officieux.

Interrogé de ses nom, prénom, âge, profession, lieu de naissance et domicile, a répondu se nommer (mettre ici la réponse de l'accusé).

Après avoir donné connoissance à l'accusé des faits à sa charge, lui avoir fait prêter interrogatoire par l'organe du président; (si le conseil a jugé à propos d'entendre des témoins, on mettra: avoir entendu séparément les témoins à charge. S'il y a une partie plaignante qui ait comparu, il faudra ajouter : après avoir entendu la partie plaignante, qui lui a ou qui lui ont été publiquement confrontées. S'il y a des témoins à décharge, on ajoutera, avoir pareillement entendu les témoins à décharge. S'il y a des pièces de conviction, on ajoutera : représenté les pièces de conviction).

Ouï le rapporteur dans son rapport et ses conclusions, et l'accusé dans ses moyens de défense tant par lui que par son défenseur officieux, lesquels ont déclaré l'un et l'autre n'avoir rien à ajouter à leurs moyens de défense, le président a demandé aux membres du conseil s'ils avoient des observations à faire ; sur leur réponse négative, et avant d'aller aux opinions, il a ordonné au défenseur et à l'accusé de se retirer. L'accusé a été reconduit par son escorte à la prison ; le rapporteur, le greffier et les citoyens assistant dans l'auditoire, se sont retirés, sur l'invitation du président.

Le conseil délibérant à huis clos, seulement en présence du commissaire du pouvoir exécutif, le président a posé les questions ainsi qu'il suit :

Le nommé (mettre le nom et le

prénom de l'accusé), qualifié ci-dessus accusé de (rappeler ici clairement le délit) , est-il coupable ?

Nota. S'il y a plusieurs délits, il faudra poser pour chacun la question de culpabilité ; il faudra aussi poser cette question pour chacun des accusés, s'ils sont plusieurs.

Les voix recueillies en commençant par le grade inférieur, le président ayant émis son opinion le dernier, le conseil de guerre permanent déclare, à la majorité de cinq ou de six voix sur sept (ou à l'unanimité, si le cas y échoit) , que (le nom et le prénom de l'accusé) est coupable.

Sur quoi le commissaire du pouvoir exécutif a fait son réquisitoire pour l'application de la peine. Les voix recueillies de nouveau par le président dans la forme indiquée ci-dessus ;

Le conseil de guerre permanent, faisant droit sur ledit réquisitoire, condamne à l'unanimité (ou à la majorité de cinq ou six voix sur sept). Dans le cas de l'article 23 de la loi du 13 brumaire de l'an 5, il faudra ainsi rédiger la condamnation : Le conseil de guerre permanent, faisant droit sur ledit réquisitoire, et se déterminant pour la peine la plus douce, conformément à l'article 23 de la loi du 13 brumaire de l'an 5, trois membres ayant voté pour la peine de (rappeler ici la peine), et quatre pour celle de (rappeler ici l'autre peine), condamne le nommé (le nom, le prénom, l'état et le grade du condamné) à la peine de (mettre la peine), conformément à l'article (désigner l'article du code), ainsi conçu (relater tout au long l'article).

Nota. On ne doit imprimer que les jugemens d'un grand exemple.

Le commissaire du pouvoir exécutif a quarante-huit heures depuis la lecture du jugement du condamné, pour se pourvoir en révision.

(Si le jugement doit être imprimé, on mettra ce qui suit : Ordonne en outre l'impression, l'affiche et la distribution du présent jugement au nombre de........ exemplaires). Enjoint au capitaine-rapporteur de lire de suite le présent jugement au condamné, en présence de la garde assemblée sous les armes, de l'avertir que la loi lui accorde un délai de vingt-quatre heures pour se pourvoir en révision, et, au surplus, de faire exécuter ledit jugement dans tout son contenu.

Ordonne en outre qu'il en sera envoyé, dans les délais prescrits par l'article 39 de la loi du 13 brumaire, à la diligence du président et à celle du rapporteur, une expédition tant au ministre de la guerre qu'au général de division (si le condamné étoit attaché à un corps, on ajoutera : et au conseil d'administration du corps du condamné).

Fait, clos et jugé sans désemparer, en séance publique, à (le lieu de la commune), les jour, mois et an que dessus; et les membres du conseil ont signé, avec le rapporteur et le greffier, la minute du jugement.

(Les juges, le rapporteur et le greffier signent ici).

SECONDE FORMULE.

Jugement du conseil de guerre, portant absolution du délit et mise en liberté de l'accusé.

Jugement rendu par le conseil de guerre permanent de la.... division militaire ou de l'armée....

Au nom du peuple françois.

Cejourd'hui (mettre la date du mois et l'année) de la république françoise, une et indivisible.

Le conseil de guerre (comme dans le titre), créé en vertu de la loi du

13 brumaire de l'an 5, composé, conformément à cette loi, des citoyens (mettre les noms et les grades des sept membres du conseil), le citoyen (mettre le nom et le grade du capitaine rapporteur) faisant les fonctions de capitaine rapporteur, et le citoyen (le nom et le grade du commissaire du pouvoir exécutif) faisant celles de commissaire du pouvoir exécutif, tous nommés par le général de division (mettre le nom du général) commandant cette division ; assisté du citoyen (le nom du greffier), greffier nommé par le rapporteur ; lesquels, aux termes des articles 7 et 8 de la même loi, ne sont parens ou alliés ni entre eux, ni du prévenu, au degré prohibé par la constitution.

Le conseil, convoqué par l'ordre du commandant, s'est réuni dans le lieu ordinaire de ses séances (particulariser ce lieu), à l'effet de juger (mettre ici les noms, état et profession de l'accusé, son lieu de naissance et son signalement), accusé de (énoncer ici le délit, ou les délits, s'il y en a plusieurs).

Nota. Observez de mettre au pluriel le mot accusé et tout ce qui s'y rapporte, s'il arrive qu'il y ait deux ou plusieurs accusés.

La séance ayant été ouverte, le président a fait apporter par le greffier et déposer devant lui sur le bureau un exemplaire de la loi du 13 brumaire de l'an 5, et a demandé ensuite au rapporteur la lecture du procès-verbal d'information, et de toutes les pièces tant à charge qu'à décharge envers l'accusé, au nombre de (mettre ici le nombre des pièces).

Cette lecture terminée, le président a ordonné à la garde d'amener l'accusé, lequel a été introduit libre et sans fers devant le conseil, accompagné de son défenseur officieux.

Interrogé de ses nom, prénom, âge, profession, lieu de naissance et domicile, a répondu se nommer (mettre ici la réponse de l'accusé).

Après avoir donné connoissance à l'accusé des faits à sa charge, lui avoir fait prêter interrogatoire par l'organe du président, (si le conseil a jugé à propos d'entendre les témoins, on mettra : avoir entendu séparement les témoins à charge. S'il y a une partie plaignante qui ait comparu, il faudra ajouter : après avoir entendu la partie plaignante qui lui a ou qui lui ont été publiquement confrontées. S'il y a des témoins à décharge, on ajoutera : avoir pareillement

pareillement entendu les témoins à décharge. S'il y a des pièces de conviction, on ajoutera : et représenté les pièces de conviction).

Ouï le rapporteur dans son rapport et ses conclusions, et l'accusé dans ses moyens de défense, tant par lui que par son défenseur officieux, lesquels ont déclaré l'un et l'autre n'avoir rien à ajouter à leurs moyens de défense, le président a demandé aux membres du conseil s'ils avoient des observations à faire ; sur leur réponse négative, et avant d'aller aux opinions, il a ordonné au défenseur et à l'accusé de se retirer. L'accusé a été reconduit par son escorte à la prison ; le rapporteur, le greffier et les citoyens assistant dans l'auditoire, se sont retirés, sur l'invitation du président.

Le conseil délibérant à huis clos, seulement en présence du commissaire du pouvoir exécutif, le président a posé les questions ainsi qu'il suit :

Le nommé (mettre le nom et le prénom de l'accusé) qualifié ci-dessus, accusé de (rappeler ici clairement le délit), est-il coupable ?

Nota. S'il y a plusieurs délits, il faudra poser pour chacun la question de culpabilité ; il faudra aussi poser cette question pour chacun des accusés, s'ils sont plusieurs.

Nota. Trois voix en faveur de la non-culpabilité, suffisent pour que le conseil la prononce; les quatre autres voix, réunies ou séparées, n'empêchent pas cette décision.

Les voix recueillies en commençant par le grade inférieur, le président ayant émis son opinion le dernier, le conseil de guerre permanent déclare que le nommé (mettre le nom, le prénom, l'état et le grade) n'est pas coupable. Sur quoi le commissaire du pouvoir exécutif ayant été entendu, les voix recueillies de nouveau par le président dans la forme indiquée ci-dessus;

Nota. Si le conseil de guerre avoit à condamner un ou plusieurs accusés, et à en acquitter d'autres, il devroit combiner le prononcé ci-à-côté avec celui de la formule précédente.

Le conseil de guerre permanent déclare que (mettre ici les noms et le grade de l'accusé) est acquitté de l'accusation dirigée contre lui, conformément aux articles 31 et 37 de la loi du 13 brumaire, ainsi conçus (relater ici en entier ces deux articles); ordonne qu'il sera de suite mis en liberté, et rendu à ses fonctions (si c'est un militaire attaché à un corps, au lieu de, et rendu à ses fonctions, on mettra, et renvoyé à son corps pour y continuer son service ; ordonne, en outre, qu'expédition du présent jugement sera transmise au ministre de la guerre, à la diligence du président ; charge le capitaine-rapporteur d'en donner de suite lecture à l'acquitté, en présence de la garde assemblée sous les armes.

Nota. Le commissaire du pouvoir exécutif n'a que vingt-quatre heures pour se pourvoir en révision d'un jugement qui acquitte.

Fait, clos et jugé sans désemparer, en séance publique, à (le lieu de la commune), les jour, mois et an que dessus ; et les membres du conseil ont signé, avec le capitaine-rapporteur et le greffier, la minute du jugement.

(Les juges signent ici).

Observations sur les deux précédentes formules.

Si le conseil de guerre qui prononce l'absolution ou la condamnation est celui créé d'après les articles 19 et 20 de la loi du 18 vendémiaire de l'an 6, il faudra mettre dans tous les endroits où l'on parle dudit conseil : *Le second conseil de guerre permanent.* Il faudra mettre aussi, *créé en vertu des articles 19 et 20 de la loi du 18 vendémiaire de l'an 6*, au lieu de *créé en vertu de la loi du 13 brumaire de l'an 5.* Ensuite après ces mots, *à l'effet de juger un* tel, *accusé de* tel *délit*, on ajoutera, *le jugement rendu contre lui* (ou *en sa faveur*, s'il avoit été acquitté) *par le conseil de guerre de la division, le* (rappeler la date du premier jugement), *ayant été annullé par une décision du conseil de révision, en date du* (rappeler la date de la décision).

TROISIÈME FORMULE.

Jugement du conseil de guerre formé en exécution de la loi du 4 fructidor an 5, pour juger un général ou un officier supérieur, ou un commissaire des guerresr.

Jugement rendu par le conseil de guerre formé en exécution de la loi du 4 fructidor an 5.

Au nom du peuple françois.

Cejourd'hui (la date du jour et l'année) de la république françoise, une et indivisible, le conseil de guerre (désigner ici l'armée ou la division), créé en vertu des loix du 13 brumaire et du 4 fructidor an 5, composé des citoyens (mettre les noms et les grades des sept membres du conseil), le citoyen (mettre le nom et le grade du rapporteur) faisant les fonctions de rapporteur, et le citoyen (le nom et le grade ou la qualité du commissaire du pouvoir exécutif) faisant celles de commissaire du pouvoir exécutif, tous nommés par (mettre ici soit le ministre de la guerre, soit le général en chef de l'armée de... soit le général de division commandant la..... division).

Observez toutefois que lorsqu'il s'agit de juger un général en chef, et que par conséquent le ministre de la guerre indique les membres du conseil, il faudra mettre ci-dessus, le citoyen.... .. nommé rapporteur par le président du conseil); assisté du citoyen (mettre le nom du greffier), greffier nommé par le rapporteur; lesquels, aux termes des articles 7 et 8 de la loi du 13 brumaire an an 5, ne sont parens ou alliés, ni entre eux, ni du prévenu, au degré prohibé par la constitution.

Le conseil convoqué par l'ordre du (mettre ici le nom et le grade du convoquant), s'est réuni à (mettre le nom de la commune), dans (particulariser le lieu de la séance), lieu indiqué par le ministre de la guerre, ou le général en chef, ou enfin le général de division, pour y tenir ses séances, à l'effet de juger, etc. (pour le reste, si le jugement condamne, il faudra suivre la première formule; et l'on suivra la seconde, si le jugement absout).

Des contumax.

Lorsque l'accusé sera contumax, les conseils de guerre créés par les loix du 13 brumaire, du 4 fructidor an 5 et du 18 vendémiaire an 6, omettront des formules tout ce qui suppose l'accusé présent, et tout ce qui ne peut se faire qu'en sa présence; ils feront mention dans le jugement qu'il est contumax: du reste comme la loi ne met aucune différence pour les formalités à suivre entre les accusés présens et les contumax, il faudra suivre les formules.

QUATRIÈME FORMULE.

Décision du conseil permanent de révision, pour infirmer un recours en révision, lorsqu'il n'a pas été fait dans les délais fixés par la loi.

Décision du conseil permanent de révision de la.... (le n.° de la division) *division militaire* (ou *de l'armée de.....*)

Au nom du peuple françois.

Le conseil permanent de révision de la (qualifier la division comme dans le titre) division, composé, en exécution de la loi du 18 vendémiaire de l'an 6, des citoyens (mettre ici les noms et qualités des membres), tous cinq nommés par le général (mettre ici le nom et le grade du général), et réunissant les conditions exigées par l'article 6 de la même loi, assité de (mettre ici le nom du greffier), nommé par le président, en présence du (mettre ici la qualité et le nom du commissaire), faisant les fonctions de commissaire du pouvoir exécutif, d'après la nomination du même général, s'est réuni, sur la convocation du président, dans le lieu ordinaire de ses séances, pour procéder sur la demande en révision (indiquer ici celui qui s'est pourvu en révision) du jugement rendu le (mettre la date du jugement), contre ou en faveur de (mettre les noms des condamnés ou acquittés).

Après que la séance a été ouverte, le président a fait apporter et déposer sur le bureau les loix des 13 brumaire et 4 fructidor de l'an 5 sur l'organisation des conseils de guerre, ainsi que celle du 18 vendémiaire de l'an 6 sur l'organisation des conseils de révision; il a ensuite ordonné au greffier de lire l'acte de recours en révision.

Sur quoi, le conseil, après avoir entendu les défenseurs officieux (s'ils se présentent) et le commissaire du pouvoir exécutif; considérant que ce recours n'a pas été fait dans les délais fixés par la loi (rappeler ici l'époque du recours, le temps que le réclamant avoit pour se pourvoir, et l'article de la loi qui rejette ce recours, déclare qu'il n'y a pas lieu de statuer; ordonne que le susdit jugement aura sa pleine et entière exécution, et charge le rapporteur de se conformer aux dispositions du premier paragraphe de l'article 22 de la loi du 18 vendémiaire de l'an 6. (Si le jugement ainsi confirmé par défaut de recours en temps utile, a été rendu par un conseil militaire, au lieu de ces mots, et charge le rapporteur de se conformer, etc., il faudra mettre ceux-ci, et charge le rapporteur de transmettre au ministre de la guerre une copie de la présente décision).

Fait, jugé et prononcé sans désemparer, en séance publique, à (le nom de la commune), le (mettre la date); et les cinq juges ont signé, avec le greffier, la minute du jugement.

(Ici les juges signent.)

Cinquième formule.

Décision du conseil permanent de révision, pour confirmer un jugement du conseil de guerre ou militaire.

Décision du conseil permanent de révision de la (le n.° de la division) *division militaire (ou de l'armée de.....).*

Au nom du peuple françois.

Le conseil permanent de révision de la (qualifier la division comme dans le titre) division, composé, en exécution de la loi du 18 vendémiaire de l'an 6, des citoyens (mettre ici les noms et qualités des membres), tous cinq nommés par le général (mettre ici le nom et le grade du général), et réunissant les conditions exigées par l'article 6 de la même loi ; assisté de (mettre ici le nom du greffier), greffier nommé par le président, en présence du (mettre ici la qualité et le nom du commissaire), faisant les fonctions de commissaire du pouvoir exécutif, d'après la nomination du même général, s'est réuni, sur la convocation du président, dans le lieu ordinaire de ses séances, pour procéder, sur la demande (indiquer ici celui qui s'est pourvu en révision), à la révision du jugement rendu le (mettre la date du jugement) contre ou en faveur de (mettre les nom des condamnés ou des acquittés).

Après que la séance a été ouverte, le président a fait apporter et déposer sur le bureau les loix dés 13 brumaire et 4 fructidor de l'an 5 sur l'organisation des conseils de guerre, ainsi que celle du 18 vendémiaire an 6 sur l'organisation des conseils de révision ; et il a ensuite ordonné au greffier de de lire l'acte de recours en révision. Sur quoi, le conseil, après avoir entendu les défenseurs officieux (s'ils se présentent) et le commissaire du pouvoir exécutif; considérant que ce recours a été fait dans les délais fixés par la loi, a dit qu'il y avoit lieu de statuer.

Alors le greffier a donné lecture de toutes les pièces de la procédure, au nombre de (mettre le nombre des pièces). Cette opération terminée, le citoyen (mettre le nom du rapporteur), l'un des membres du conseil, nommé rapporteur de cette affaire par décision du (mettre la date de la décision), a été entendu; le commissaire du pouvoir exécutif a fait ses réquisitions.

Le conseil, après avoir délibéré, faisant droit auxdites réquisitions (si la décision n'est pas conforme aux réquisitions, mettez : *sans avoir égard auxdites réquisitions)* ; vu que le conseil de guerre (ou militaire, dans le cas où le jugement auroit été rendu par un conseil militaire) étoit compétent, que l'information et l'instruction ont été régulièrement faites, et que la loi a été bien appliquée, déclare à la majorité absolue (ou à l'unanimité, si le cas y échoit), que le susdit jugement est confirmé, et qu'il aura sa pleine et entière exécution.

Le rapporteur demeure chargé de transmettre au conseil de guerre la présente décision, avec toutes les pièces de la procédure.

(Si le jugement avoit été rendu par un conseil militaire, au lieu de, le rapporteur demeure chargé de transmettre au conseil de guerre, il faudra mettre, le rapporteur demeure chargé de transmettre au ministre de la guerre une copie de la présente décision).

Ainsi jugé, prononcé sans désemparer, en séance publique, à (le nom de la commune), le (mettre la date du mois et l'année); et les juges ont signé tous cinq, avec le greffier, la minute du jugement.

(Les juges et le greffier signent ici).

SIXIÈME FORMULE.

Décision du conseil permanent de révision, pour annuller un jugement du conseil de guerre ou militaire.

Conseil permanent de révision de la (le n.° de la division) *division militaire (ou de l'armée d.....).*

Au nom du peuple françois.

Le conseil permanent de révision de la (qualifier la division, comme dans le titre) division, composé, en exécution de la loi du 18 vendémiaire de l'an 6, des citoyens (mettre ici les noms et qualités des membres), tous cinq nommés par le général (mettre ici le nom et le grade du général), et réunissant les conditions exigées par l'article 6 de la même loi, assisté de (mettre ici le nom du greffier), greffier nommé par le président, en présence de (mettre ici le nom et la qualité du commissaire), faisant les fonctions de commissaire du pouvoir exécutif, d'après la nomination du même général, s'est réuni, sur la convocation du président, dans le lieu ordinaire de ses séances, pour procéder, sur la demande (indiquer ici celui qui s'est pourvu en révision), à la révision du jugement rendu le (mettre ici la date du jugement), contre ou en faveur de (mettre les noms des condamnés ou des acquittés).

Après que la séance a été ouverte, le président a fait apporter et déposer sur le bureau les loix des 13 brumaire et 4 fructidor de l'an 5 sur l'organisation des conseils de guerre, ainsi que celle du 18 vendémiaire de l'an 6 sur l'organisation des conseils de révision; il a ensuite ordonné au greffier de lire l'acte de recours en révision. Sur quoi, le conseil, après avoir entendu les défenseurs officieux (s'ils se présentent) et le commissaire du pouvoir exécutif; considérant que ce recours a été fait dans les délais fixés par la loi, a dit qu'il y avoit lieu de statuer.

Alors le greffier a donné lecture de toutes les pièces de la procédure, au nombre de (mettre le nombre des pièces). Cette opération terminée, le citoyen (mettre le nom du rapporteur), l'un des membres du conseil, nommé rapporteur de cette affaire par décision du (mettre la date de la décision), a été entendu; les défenseurs de (le nom des parties) ont présenté leurs observations (omettre ce qui précède, dans le cas où les défenseurs ne se présenteroient pas) ; le commissaire du pouvoir exécutif a fait ses réquisitions. Considérant que (tel acte de l'instruction) qui a précédé (ou, si c'est le jugement seul qui est nul), considérant que le jugement rendu par le conseil de guerre ou militaire le (la date du jugement) contre ou en faveur de (le nom des condamnés ou des acquittés) (motiver ici la nullité en citant le fait d'une part, et de l'autre l'article entier de la loi qui a été violée), annulle (désigner ici soit le jugement, soit l'acte nul dans l'instruction ou dans la procédure, et annuller, par suite, tout ce qui s'est ensuivi), en vertu des articles 16 et 17 de la loi du 18 vendémiaire, ainsi conçus (relater tout au long les deux articles dont il s'agit) ; renvoie les accusés devant le conseil de guerre créé d'après les articles 19 et 20 de la même loi, et charge le rapporteur de transmettre dans les vingt - quatre heures à ce conseil la présente décision, avec toutes les pièces ; charge également ledit rapporteur d'adresser copie de ladite décision tant au ministre de la guerre qu'au conseil de guerre qui a rendu le jugement ainsi annullé. (Si c'est un conseil militaire qui a rendu le jugement annullé, comme il n'existe plus, l'envoi de la décision ne sera fait qu'au ministre de la guerre).

(Si le jugement a été annullé pour incompétence, alors dans le dispositif du jugement, au lieu de ces mots, *renvoie les accusés*, etc., il faudra mettre ceux qui suivent: Renvoie les accusés devant le tribunal criminel qui en doit connoître, et charge le rapporteur de transmettre dans les vingt-quatre heures, à qui de droit, la présente décision avec toutes les pièces de la procédure; charge également ledit rapporteur d'adresser copie de ladite décision tant au ministre de la guerre qu'au conseil de guerre qui a rendu le jugement ainsi annullé).

Fait, jugé et prononcé, sans désemparer, en séance publique, à (le nom de la commune), le (mettre la date du mois et l'année) : et les juges ont signé tous cinq, avec le greffier, la minute du jugement.

(Ici les juges et le greffier signent).

SEPTIÈME FORMULE.

Décision portant renvoi au corps législatif d'une affaire dans laquelle le second jugement est attaqué au fond par les mêmes moyens que le premier déjà annullé.

Décision du conseil permanent de révision de la (le n.° de la division) division militaire (ou de l'armée...)

Au nom du peuple françois.

Le conseil permanent de révision de la (qualifier la division comme dans le titre) division, composé, en exécution de la loi du 18 vendémiaire de l'an 6, des citoyens (mettre ici les noms et qualités des membres), tous cinq nommés par le général (mettre ici le grade et le nom du général), et réunissant les conditions exigées par l'article 6 de la même loi; assisté de (mettre ici le nom du greffier), greffier nommé par le président, en présence de (mettre ici la qualité et le nom du commissaire), faisant les fonctions de commissaire du pouvoir exécutif, s'est réuni, sur la convocation du président, dans le lieu ordinaire de ses séances, pour procéder, sur la demande (indiquer ici celui qui s'est pourvu en révision), à la révision du du jugement rendu le (mettre la date du jugement), contre ou en faveur de (mettre le nom des condamnés ou des acquittés).

Après que la séance a été ouverte, le président a fait apporter et déposer sur le bureau les loix des 13 brumaire et 4 fructidor de l'an 5 sur l'organisation des conseils de guerre, ainsi que celle du 18 vendémiaire de l'an 6, sur l'organisation des conseils de révision; il a ensuite ordonné au greffier de lire l'acte de recours en révision. Sur quoi, le conseil, après avoir entendu les défenseurs officieux (s'ils se présentent) et le commissaire du pouvoir exécutif; considérant que ce recours a été fait dans les délais fixés par la loi, a dit qu'il y avoit lieu de statuer.

Le conseil de révision, vu l'article 23 de la loi du 18 vendémiaire de l'an 6, ainsi conçu (relater cet article); et attendu que le premier jugement rendu dans l'affaire du nommé (mettre le nom de l'accusé), a été cassé et annullé pour (indiquer la cause de l'annullation), et que le second jugement est attaqué pour le même vice; le conseil, à la majorité (ou à l'unanimité) des voix (suivant le cas), ordonne, conformément à l'article 23 ci dessus cité, qu'il en sera référé au corps législatif, et qu'en conséquence les pièces de la procédure et les copies des jugemens et décisions intervenus dans cette affaire seront envoyées au ministre de la guerre, et que les choses demeureront en l'état où elles sont, jusqu'à ce que la loi ait été portée.

Enjoint au rapporteur de mettre à exécution la présente décision dans le délai de vingt-quatre heures.

Fait, clos et prononcé, sans désemparer, en séance publique, à (le lieu de la séance et de la commune), le (la date); et les membres du conseil ont signé avec le greffier.

(Les juges et le greffier signent ici).

Approuvé par le directoire exécutif, le 8 frimaire, an 6 de la république françoise, une et indivisible.

LOI

Relative à la nouvelle instruction des procès en cas d'annullation de jugemens rendus par des conseils de guerre.

Du 29 prairial an 6.

Le conseil des anciens, adoptant les motifs de la déclaration d'urgence qui précède la résolution ci-après, approuve l'acte d'urgence.

Suit la teneur de la déclaration d'urgence et de la résolution du 8 prairial :

Le conseil des cinq-cents, considérant que la loi du 18 vendémiaire dernier, relative à la révision des jugemens militaires, n'a pas prévu le cas où le jugement du second conseil de guerre seroit annullé par le conseil de révision, ce qui arrête l'action de la justice ;

Considérant qu'il est instant de prendre une détermination à cet égard,

Déclare qu'il y a urgence.

Le conseil, après avoir déclaré l'urgence, prend la résolution suivante :

ARTICLE PREMIER.

En cas d'annullation d'un jugement rendu par un conseil de guerre établi par l'article 19 de la loi du 18 vendémiaire dernier, le prévenu sera renvoyé, dans les trois jours, avec les pièces du procès et la décision du conseil de révision, devant le premier conseil de guerre d'une des divisions militaires les plus voisines, pour qu'il soit procédé à une nouvelle instruction.

2. La décision du conseil de révision désignera le conseil de guerre auquel le renvoi doit être fait.

3. La disposition de l'article premier est applicable aux jugemens rendus depuis le 18 vendémiaire dernier, et qui se trouvent dans le cas prévu par le même article.

Le directoire exécutif prendra les mesures nécessaires pour envoyer, sans délai, les prévenus devant les conseils de guerre des divisions militaires les plus voisines de celles où ils ont été jugés.

4. La présente résolution sera imprimée.

Après une seconde lecture, le conseil des anciens APPROUVE la résolution ci-dessus. Le 29 prairial, an 6 de la république françoise.

LOI

Relative aux attributions des conseils de guerre et de révision.

Du 27 fructidor an 6.

Le conseil des anciens, adoptant les motifs de la déclaration d'urgence qui précède la résolution ci-après, approuve l'acte d'urgence.

Suit la teneur de la déclaration d'urgence et de la résolution du 9 fructidor :

Le conseil des cinq-cents, considérant que le bon ordre et la discipline des armées exigent la plus grande célérité dans l'exercice de la justice militaire,

Déclare qu'il a urgence.

Après avoir déclaré l'urgence, le conseil prend la résolution suivante :

ARTICLE PREMIER.

Les conseils de guerre établis par

l'article 19 de la loi du 18 vendémiaire an 6, connoîtront, concurremment avec ceux créés par la loi du 13 brumaire an 5, de tous les délits militaires.

2. En cas d'annullation d'un premier jugement, le conseil de révision fait, conformément à l'article 22 de la loi du 18 vendémiaire, l'envoi des pièces et de sa décision au conseil de guerre de la même division qui n'a pas connu de l'affaire.

3. Si, d'après l'exposé du capitaine-rapporteur près chaque conseil de guerre, sur la quantité et la nature des affaires dont il est chargé, il est jugé nécessaire de lui adjoindre provisoirement un ou plusieurs substituts pour accélérer la marche de la justice, le président du conseil en fait la demande au commandant en chef de la division, qui nomme ces substituts.

Les substituts sont pris dans le grade de capitaine ou dans celui de lieutenant.

La durée des fonctions de substitut ne peut excéder trois mois: après ce délai, ils peuvent être continués ou remplacés au besoin, sur la demande du président du conseil de guerre.

4. Pareillement s'il est jugé nécessaire d'adjoindre au greffier près

chaque conseil de guerre un ou plusieurs commis, le capitaine-rapporteur les nomme.

La durée de leurs fonctions est la même que celle des substituts du rapporteur.

5. Le conseil de révision distribue entre ses membres, le président excepté, les rapports à faire sur les jugemens soumis à la révision.

6. Le chef de l'état-major d'une division ne peut être membre des conseils de guerre ni du conseil de révision.

7. Toutes dispositions de loi contraires à la présente, sont abrogées.

8. La présente résolution sera imprimée.

Après une seconde lecture, le conseil des anciens APPROUVE la résolution ci-dessus. Le 27 fructidor, an 6 de la république françoise.

TABLE.

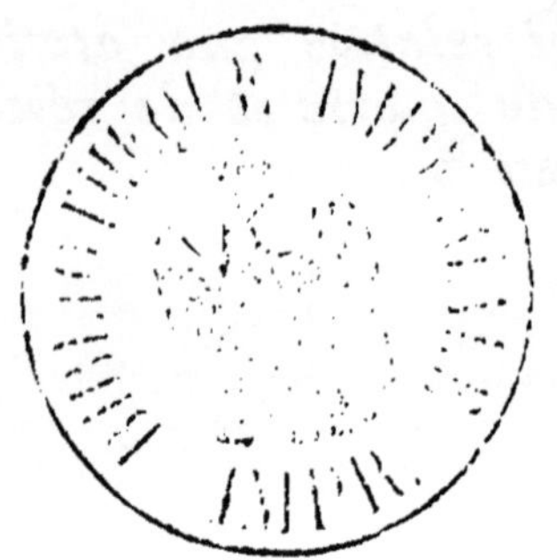

www.ingramcontent.com/pod-product-compliance
Ingram Content Group UK Ltd.
Pitfield, Milton Keynes, MK11 3LW, UK
UKHW020339180726
13839UKWH00002B/806